Euripides

Alkestis

Übersetzt von Johann Adam Hartung

Euripides: Alkestis

Übersetzt von Johann Adam Hartung.

Erstaufführung 438 v. Chr. Hier nach der Übersetzung von Johann Adam Hartung.

Neuausgabe
Herausgegeben von Karl-Maria Guth
Berlin 2016

Umschlaggestaltung von Thomas Schultz-Overhage unter Verwendung des Bildes: Jean-François-Pierre Peyron, Alkestis Tod, 1785

Gesetzt aus der Minion Pro, 11 pt

Verlag: Henricus - Edition Deutsche Klassik GmbH
Mörchinger Str. 33, 14169 Berlin, info@henricus-verlag.de
Druck: Libri Plureos GmbH, Friedensallee 273, 22763 Hamburg

ISBN 978-3-8619-9670-5

Bibliografische Information der Deutschen Nationalbibliothek

Die Deutsche Nationalbibliothek verzeichnet diese Publikation in der Deutschen Nationalbibliografie; detaillierte bibliografische Daten sind im Internet über www.dnb.de abrufbar.

Personen

Apollon

Der Tod

Chor von Männern aus Pherai

Dienerin der Alkestis

Alkestis

Diener Admetos'

Admetos

Eumelos, dessen und der Alkestis Söhnchen

Herakles

Pheres

Palast des Admetos zu Pherai. Apollon tritt heraus, einen Bogen und Pfeile in der Hand.

APOLLON.
O Haus Admets, in welchem meine Göttlichkeit
Vorliebzunehmen sich bequemt am Löhnertisch!
Zeus war die Ursach, welcher meinen Sohn erschlug,
Asklepios, ihm die Flamme schleudernd in die Brust,
Worauf erzürnt des Himmelsstrahles Schmiede ich,
Die Kyklopen, totschoß und zur Buße dessen mich
Der Vater einem irdischen Mann zu fronen zwang.
Ich begab mich her in dieses Land und dient als Hirt
Dem Freund, sein Haus beschirmend bis zu dieser Stund.
Fromm seiend fand ich einen frommen Mann an ihm,
Dem Sohn des Pheres, den ich hab vom Tod erlöst,
Die Moiren täuschend. Ihre Macht gelobte mir,

Admetos soll dem Tod entrinnen vorderhand,
Wenn die da drunten eine andre Leich empfahn.
Und all die Seinen prüft' er nach der Reih umher,
Den Vater und die greise Mutter, die ihn trug;
Doch fand er niemand außer seiner Gattin, der
Sich opfern wollte, scheiden aus dem Sonnenlicht!
Und mit dem Tode ringt sie jetzt im Haus, gestützt
Von treuen Armen: denn am heutigen Tag ist ihr
Bestimmt zu sterben, wegzuscheiden aus der Welt!
Und ich verlasse dieser Hallen trautes Dach,
Daß mich der Hauch des Todes nicht entheilige.
Und hier erblick ich nahen schon den Todesgott,
Der Abgeschiednen Opfrer, der ins Höllenreich
Sie will geleiten! Auf die Stunde kommt er an;
Den Tag, an dem sie sterben muß, versäumt' er nicht!

Der Tod tritt auf.

TOD.

Hah! hah!
Du hier? Am Palast? Was weilest du hier?
Wie? Phoibos, du willst wohl wieder zum Leid
Uns Untern die Ehre verkürzen, entziehn?
Admets Hintritt zu verhindern war
Dir nimmer genug und die Moiren mit List
Zu berücken? Du hast jetzt wieder die Hand
Für diese bewehrt, wachst mit dem Geschoß,
Die, ihren Gemahl zu erlösen, sich selbst
In den Tod gibt, Pelias Tochter?

APOLLON.

Nur Recht und ehrlich Handeln biet ich, sei getrost!

TOD.

Was soll beim Weg des Rechtes dann die Waffe tun?

APOLLON.

Ich trage sie beständig: meine Sitte ist das.

TOD.

Und diesem Hause widerrechtlich beizustehn!

APOLLON.

Des teuren Mannes Leiden geht mir freilich nah.

TOD.

Und willst mir diese Leich entwenden abermals?

APOLLON.

Ich nahm dir doch auch jenen selbst nicht mit Gewalt!

TOD.

Wie weilt er dann auf Erden, ruht im Grabe nicht?

APOLLON.

Nun, durch den Tausch der Gattin, die du holen willst.

TOD.

Und führen werd ins unterirdische Reich hinab!

APOLLON.

So nimm sie hin! Denn schwerlich wohl beweg ich dich –

TOD.

Zu töten, ja! Die's ziemet! dazu komm ich her!

APOLLON.

Nein, die mit Tod zu treffen, welche zaudern hier.

TOD.

Wohl! Deine Meinung, dein Begehren kenn ich jetzt!

APOLLON.

Und geht es, daß Alkestis hohe Jahr erreicht?

TOD.

Geht nicht! Bedenke, daß auch mich die Ehre freut.

APOLLON.

Nicht mehr denn *eine* Seele empfängst du immer doch!

TOD.

Wenn blühndes Leben schwindet, ernt ich höhern Preis.

APOLLON.

Die Greisin auch wird reich bestattet, wenn sie stirbt.

TOD.

Dem Geld zugunsten, Phoibos, gibst du dies Gesetz!

APOLLON.

Wie meinst du? Bist du Denker auch? Wer glaubte das?

TOD.

Wer's könnte, ließ Betagte sterben für sein Geld.

APOLLON.

Mir also diese Gunst zu geben liebt dir nicht?

TOD.

Mitnichten! Meine Art ist dir ja wohlbekannt.

APOLLON.

Eine Göttern widerwärtge, Menschen feindlich Art!

TOD.

Verlange nur nicht alles, was dir nicht gehört.

APOLLON.

Fürwahr, du wirst abstehen, fühllos wie du bist!
Ein solcher Held kehrt bald im Haus des Pheres ein,
Gesendet nach dem Roßgespanne von Eurysth
Hin nach der winterrauhen Gegend Thrakiens,
Der, gastlich aufgenommen hier im Haus Admets,
Dir mit Gewalt dies Frauenbild entreißen wird.
So geht der Dank dir meinerseits verloren, und
Du tust es trotzdem und behältst dir meinen Haß.

TOD.

Und magst du reden noch soviel, es frommt dir nicht!
Denn kurz: das Weib geht mit hinab ins Höllenreich!
Ich geh zu ihr, sie einzuweihen mit dem Schwert:
Den unterirdischen Mächten ist der Mensch geweiht,
Des Hauptes Locken dieses Schwert geopfert hat.

Der Tod und Apollon ab. Der Chor zieht ein.

ERSTER HALBCHOR.

So ruhig und leer ist's vor dem Palast?
So still und so stumm in den Hallen Admets?

ZWEITER HALBCHOR.

Und auch kein Freund in der Nähe,

Der meldete, ob man die Königin hat
Zu betrauern wie tot, ob Pelias' Kind
Noch atmet und lebt und das Licht schaut,
Alkestis, die Frau, die allen und mir
Als edelstes Weib
Sich bewährt hat gegen den Gatten!

Erste Strophe

ERSTER HALBCHOR.
Hört einer wohl ein Schluchzen oder Weinen oder Händeschlag
Drinnen im Haus, als wär's vorbei?
ZWEITER HALBCHOR.
Nein! auch aus dem Gesinde erscheint
Kein Mensch, an die Pforten gestellt.
Ach, trätest du zwischen die Wogen
Des Unheils, o Paian!
ERSTER HALBCHOR.
Verschied sie, so wär es so still nicht!
Denn fort als Leiche vom Haus kann
Sie noch nicht sein!
ZWEITER HALBCHOR.
Was macht dich so keck? Ich juble noch nicht.
ERSTER HALBCHOR.
Wie sollte Admet sein treffliches Weib
Still, ohne Geleit
Leidtragender Freunde bestatten?!

Erste Gegenstrophe

ZWEITER HALBCHOR.
Und an der Pfort erblick ich nicht Quellwassersprenge, wie es vor
Türen Entschlafener bräuchlich ist;

ERSTER HALBCHOR.

Und kein Haar in der Nische, so wie
Im Leid um Verschiedene man's
Hinopfert: es schallet an Häuptern
Kein Leidschlag von Fraunhand.

ZWEITER HALBCHOR.

Und doch der entscheidende Tag ist's,
An welchem von hinnen sie ziehn muß!

ERSTER HALBCHOR.

Oh, was sprichst du?
Das bewegt mir die Seele, ergreift mir das Herz!

ZWEITER HALBCHOR.

Wenn ein trefflicher Mensch zerknickt wird, dann
Muß jegliches Herz,
Das gut ist von Grund aus, trauern.

Zweite Strophe

CHOR.

Und wollt man auch über See irgendhin zu Schiffe
Segeln, sei es ins Land
Lykien oder zu Ammons durstigem Wohnsitz,
Kann doch keiner befrein mehr
Ihr armes Leben: denn der Tod naht jählings. Keinen Götterherd
Weiß ich, zu dem ich noch pilgern mit Opfern könnte.

Zweite Gegenstrophe

Nur einer, wenn dieses Licht seinem Auge noch strahlte,
Phoibos' Sohn! Sie erschien'
Kehrend vom düsteren Reich und Pforten der Hölle!
Denn Entschlafene weckt' er,
Bevor der himmelsjache Keil des Wetterstrahls ihn tödlich traf.
Hoffnung des Lebens, wo soll ich sie jetzt noch schöpfen?

Epode

Denn alles bereits ist getan und versucht
Von unserem Herrn,
An sämtlicher Götter Altären
Bluttriefende Schlachtopfer die Fülle!
Und nirgends Hilf in dem Leiden!
CHORFÜHRER.
    Hier aber tritt der Zofen eine aus dem Haus
    In Tränen. Welch Begebnis werd ich hören wohl?

Die Dienerin tritt auf.

Dein Trauern ist natürlich, wenn ein Ungemach
Zustieß der Herrschaft; aber laß uns wissen, ob
Die Frau noch atmet oder schon verschieden ist.
DIENERIN.
    Du kannst sie lebend, kannst gestorben nennen auch.
CHOR.
    Wie mag man tot und lebend sein zu gleicher Zeit?
DIENERIN.
    Sie neigt das Haupt und ringt bereits den Todeskampf.
CHOR.
    O Armer! Welch ein Weib entgeht dir, edler Mann!
DIENERIN.
    Noch fühlt's der Herr nicht völlig, bis er's leiden wird.
CHOR.
    Ist denn der Lebensrettung keine Hoffnung mehr?
DIENERIN.
    Es zwingt ja unabwendbar ihr verhängter Tag!
CHOR.
    Hat man für sie das Angemeßne vorgesehn?
DIENERIN.
    Der Schmuck ist fertig, der der Leiche folgen soll.

CHOR.

Sie stirbt mit Ruhme: dessen sei sie sich bewußt,
Gewiß, soweit die Sonne scheint, das beste Weib!

DIENERIN.

Wie wär sie nicht die Beste? Wer bestreitet dies?
Was müßt ein Weib tun, das sie übertreffen wollt?
Wie mag sie ihr Hingeben an den Gatten mehr
Beweisen, als indem sie für ihn sterben will?
Und dieses nun weiß alle Welt, die ganze Stadt:
Nun höre mit Bewundrung, was sie drinnen tat!
Sowie sie merkte, ihre Entscheidungsstunde sei
Ihr nahe, wusch sie ihren weißen Leib im Bad
Von Quellenwasser, holte aus dem Zedernschrein
Schmuck und Gewänder, tat sich fein und reinlich an,
Trat vor den Herd der Hestia hin und betete:
»O Herrin, weil ich scheiden muß zur Erd hinab,
So fleh ich niedersinkend hier zum letztenmal:
Behüte meine Waisen, trau ein holdes Weib
Dem Sohne an, der Tochter einen edlen Mann!
Und laß sie nicht, wie ihre Mutter enden muß,
So vor der Zeit hinsterben, sondern frohbeglückt
Sich ihres Daseins in der Heimat lang erfreun!«
Und jeden Altar, der im Haus Admetens ist,
Besuchte und anbetet' und bekränzte sie,
Die Büschel pflückend grüner Myrthenschößlinge,
Ohn eine Trän, ein Seufzen, ohne daß das Rot
Dem schönen Antlitz bei dem drohnden Tode schwand.
Dann in die Kammer stürzend und aufs Bette hin,
Ja, da vergoß sie Tränen, und da sprach sie so:
»O Lager, wo des Mädchens reine Blüte sich
Dem Mann, für den ich sterbe hier, ergeben hat,
Leb wohl! Ich zürn dir nicht, und doch bist du allein
Mein Tod; denn untreu dir und ihm zu werden, scheu
Ich mich und sterbe: dich gewinnt ein andres Weib,

Wohl keine tugendhaftere, doch wohl glückliche!«
Dann sank sie nieder, küßt' es, daß den ganzen Pfühl
Der Augen überfließend Naß befeuchtete.
Nachdem sie sich in vielen Tränen satt geweint,
So stürzt sie abgewandten Blicks vom Bette fort
Und kehrt sich, aus der Kammer scheidend, oft noch um
Und wirft sich immer wieder auf das Lager hin.
Die Kinder aber weinten, an der Mutter Kleid
Sich hängend; und sie nahm sie zärtlich auf den Arm,
Eins um das andre herzend, als Verscheidende.
Die Ehehalten all im Hause weinten mit,
Um ihre Herrin jammernd, welche jeglichem
Die Hand noch reichte; keiner war zu schlecht ihr, daß
Sie nicht ihn ansprach und sein Wort entgegennahm.
Von solcher Art ist drinnen Admets Jammer, den
Der Tod vernichtet hätte, der entronnen dann
Solch einen Gram trägt, den er nie vergessen wird!

CHOR.

Es seufzet wohl in diesem Jammer sehr Admet,
Klagt, daß er sein so trefflich Weib einbüßen soll?

DIENERIN.

Er seufzt und hält in Armen sein geliebtes Weib
Und fleht: »Oh, laß mich nicht allein!« Unmögliches
Begehrend! Denn sie welket, schwindet und verlischt,
So schlaff, so eine traurige Bürd in seinem Arm!
Und doch, so schwach sich auch ihr Atem immer regt,
Begehrt sie noch zu blicken nach dem Sonnenschein.
Allein, ich geh zu melden deine Gegenwart.
Nicht alle meinen's mit den Fürsten also treu,
In ihrem Leid teilnehmend ihnen beizustehn:
Du aber bist dem Herrscherhaus ein alter Freund!

Ab in das Haus.

Strophe

ERSTER HALBCHOR.

Io Zeus! Wo soll, wann des Leidens Ziel,
Erlösung kommen dieser Not, die das Königshaus bedrängt?

ZWEITER HALBCHOR.

Wird jemand erscheinen? Muß ich schon
Trauernd das Haar abscheren und
Schwarzes Gewand anlegen?

ERSTER HALBCHOR.

Klar und deutlich ist's, Beste, dennoch laßt
Uns flehn zum Himmel, dessen Macht groß ist, und ihm vertrauen!

GANZER CHOR.

O Fürst Paian,
Erfind ein Mittel gegen Admets Ungemach!
Gewähr, gewähr es! Hast du doch schon einmal
Abwehr gefunden!
Oh, werde Erlöser der Todesnot,
Und vertreibe den Mörder Hades!

Gegenstrophe

ERSTER HALBCHOR.

O Gott! weh! o Gott! weh! io, io!
O Pheres-Sohn, was fängst du an, wenn du dein Gemahl verlierst?!

ZWEITER HALBCHOR.

Ja, wert der Erdolchung ist das Leid!
Schrecklich genug, den Hals zum luft-
Schwebenden Strick zu strecken!

ERSTER HALBCHOR.

Deinen lieben, nein, einzig liebsten Schatz,
Die Gattin sollst du heute noch sehen im Tod erbleichen!

GANZER CHOR.

O sieh, o sieh!

Hier wankt sie samt dem Gatten aus dem Haus hervor!
O schreie laut, o schluchze laut, pheraiisch
Land, weil zum Hades
Die edelste Frau, in das finstre Grab
In verzehrender Krankheit schwindet!
Daß der ehliche Stand mehr Freude denn Leid
Bringt, glaube ich nie;
Aus frührer Erfahrung schließ ich es klar
Und sehe ja hier des Gebieters Geschick,
Der nach dem Verlust seines trefflichen Weibs
In der übrigen Zeit
Ein zerstöretes Dasein fristet!

Alkestis, von Dienerinnen gestützt, samt Admetos und den Kindern
tritt auf.

Erste Strophe

ALKESTIS.
   Leuchtende Sonne und Tagesglanz!
   Eilende Wolken, die hoch in den Lüften kreisen!
ADMETOS.
   Sie sehn uns beide, zwei unglücklich Leidende,
   Die nichts verschuldet, welches deinen Tod verdient!

Erste Gegenstrophe

ALKESTIS.
   Erde und trauter Behausung Dach!
   Bräutliche Kammer auf iolkischem Heimatboden!
ADMETOS.
   Erhebe dich, unglücklich Kind, verlaß mich nicht,
   Und fleh die mächtgen Götter um Erbarmen an!

Zweite Strophe

ALKESTIS.

Ich seh das doppelberudert Boot. Der Entschlafnen Fährmann,
Die Hand gelegt ans Steuer, Charon, ruft mir schon: »Was säumst
  du?
Mach vorwärts! Denn die Zeit drängt, und du säumst uns!
Fertig ist alles! Eile!«

ADMETOS.

O weh! Wie schmerzlich ist die Schiffahrt, die du hier
Beschreibst! O Unglückselge, welch ein Leidensstand!

Zweite Gegenstrophe

ALKESTIS.

Es führt mich einer – oh, siehst du's nicht? – in die Totenhalle!
Aus schwarzen Brauen blickt er vor, beschwingt! Der düstre Hades!
O laß! Welch einen Weg wandel ich Unglück-
Selige?! Ha! Was willst du?!

ADMETOS.

Ein Jammerpfad den Deinen, und vor allen mir
Und deinen Kindern, welche mit mir trauern hier.

Epode

ALKESTIS.

Lasset, o laßt mich los!
Setzt mich! Denn mir wanken die Füße, der Tod naht!
Und die finstre Nacht legt sich auf die Augen!
O Kinder, dahin, eure Mutter ist nicht mehr!
Lebt wohl! Genießt dies Licht vergnügt, o Kinder!

ADMETOS.

Weh mir! Ich vernehm ein trauriges Wort,
Ein schlimmeres Wort als jeglicher Tod!

Bei den Göttern, o nein! o verlaß mich nicht!
Bei den Kindern, die dein Scheiden verwaist!
Auf! und ermanne dich!
Denn scheidest du hin, so vernichtest du mich.
In dir nur leb ich und sterbe mit dir!
Dich einzig lieb und verehr ich!

ALKESTIS.

Admet, den Zustand meiner Sache siehst du hier.
Vernimm denn, eh ich sterbe, meinen Willen jetzt.
Für dich mich opfernd, meine Seel um deine Seel
Einsetzend, um dein Weilen hier im Sonnenlicht,
Verscheid ich; und ich braucht um dich zu sterben nicht,
Konnt aus Thessalien wen ich wollte ehlichen
Und thronen hier im reichen stolzen Fürstenhaus.
Allein von dir geschieden leben wollt ich nicht
Mit Waisenkindern, schonte meiner Jugend nicht
Und hatte zum Genießen manches Hübsche doch!
Dich gab die eigne Mutter doch, der Vater preis,
Sie, denen's wohlstand, wegzuscheiden aus der Welt,
Wohlstand, den Sohn zu retten durch ruhmwürdgen Tod.
Ihr einzig Kind ja bist du, Aussicht, andere
Nach deinem Tod zu zeugen, gibt es keine mehr.
Du weintest dann als gattinloser Witwer nicht
Mit mutterlosen Kindern. Doch das hat ein Gott
So eingerichtet und gefügt: es soll so sein!
Sei's denn! Doch du gedenke mir's, vergilt es nun!
Ich verlange niemals eine Gabe gleichen Werts –
Dem Leben kommt ja ohnehin nichts gleich im Wert –,
Nur Billiges, wie du selbst gestehn wirst! Sieh, du liebst
So gut wie ich die Kinder, wenn du richtig fühlst:
So duld und laß sie Herren sein in meinem Haus,
Heirate zur Stiefmutter diesen Kindern nicht
Ein andres Weib, das, minder gut als ich, aus Neid
An mein und deine Kinder frech die Hände legt.

Nur dieses, dieses tu mir nicht, drum bitt ich dich.
Stiefmütter zweiter Ehe sind den Kindern gram
Der ersten Frau wie Schlangen, Nattern voller Gift.
Nun hat der Sohn am Vater zwar 'ne feste Burg;
Doch du, mein Kind, wie führst du hübsch dein Mädchentum,
Wenn deines Vaters Ehehälfte es böse meint?
Oh, daß sie nur nicht deinen Ruf beflecke, nicht
Dein Glück in deiner schönsten Blüte untergräbt!
Nicht deine Mutter wird dich je vermählen, Kind,
In Kindesnöten dir zur Seite stehen, dir
Mut geben, wo die Mutterlieb am holdsten ist.
Ich muß ja sterben; dieses Schicksal stellt sich auch
Nicht etwa morgen oder übermorgen ein:
Die nächste Stunde stellt mich zu den Entschwundenen.
So lebt denn wohl! Seid glücklich! Dir, mein Gatte, bleibt
Der Ruhm, das beste Weib gehabt zu haben, und
Euch, Kindern, herzustammen von der besten Frau.

CHOR.
Getrost! Ich sag es ohne Scheu an seiner Statt!
Er wird's erfüllen, wenn er nicht von Sinnen ist.

ADMETOS.
Es soll, es soll geschehen. Bange nicht! Denn du
Sollst einzig meine Gattin, wie im Leben, so
Im Tode heißen. Kein Thessaliermädchen soll
Je diesen Mann den ihren nennen so wie du;
So hochgeboren edlen Stamms ist keine, noch
So ausgezeichnet an Gestalt und reizend schön!
Und Kinder hab ich. Mögen sie zur Freude mir
Gedeihn, so bet ich, deiner werd ich nimmer froh!
Und nicht ein Jahr nur trag ich Leid um dich. O nein!
Solang mein Dasein währet, trauer ich, teures Weib,
Den Vater hassend, sie verachtend, welche mich
Gebar. Sie liebten mit dem Mund, nicht mit der Tat!
Du aber gabst dein Liebstes um mein Leben hin,

Um mich zu retten. Hab ich nicht zum Weinen Grund,
Solch einer Ehgenossin mich beraubt zu sehn?
Und Lustgelag und Zechgesellschaft werd ich fliehn,
Gesäng und Kränze, die mein Haus erfüllten sonst.
Ich werde keine Harfe mehr anrühren je
Noch auch zum Schall der Libyerflöte je mein Herz
Erheben: alle Lebensfreude stirbt mit dir!
Von eines Künstlers Meisterhand geformet, soll
Dein Bild auf meinem Lager ausgebreitet sein.
An dessen Brust gesunken, dies umarmend, dich
Beim Namen rufend, werd ich mir, mein teures Weib
Im Arm zu halten, dünken, ist's auch eitler Wahn!
Wohl freilich frostige Labung nur; doch wird sie mir
Des Herzens Last erleichtern! Auch in Träumen wirst
Du mir zum Trost erscheinen. Süß ist auch im Schlaf
Geliebter Wiedersehen, wenn sie immer nahn!
Besäß ich Orpheus' Stimm und Sprach und Lieder, um,
Demeters Tochter oder ihren Gatten durch
Gesang bezaubernd, dich zu holen aus der Höll,
Ich stieg hinunter! Weder Plutons Köter noch
Am Steuer der Seelenführer Charon hemmten mich,
Bevor ich wiederbrächte dich zum Lebenslicht!
Nun harre meiner dorten, wenn ich einst verscheid,
Und mache Wohnung, um vereint mit mir zu sein.
In einem Zedernsarge sollen diese mich
Mit dir bestatten, Seit an Seite ausgestreckt:
So will ich ruhen, auch im Tode nimmermehr
Von dir getrennt sein, die mir einzig treu verblieb!

CHOR.

Und deine Trauer will ich, wie ein Freund dem Freund,
Um sie dir tragen helfen; denn sie ist es wert.

ALKESTIS.

Ihr, meine Kinder, habt es selbst vernommen hier,
Das Wort des Vaters, daß er nie ein andres Weib

Nach mir noch freien, meiner nie vergessen will!

ADMETOS.

Und abermals gelob ich dies und halt es auch!

ALKESTIS.

Darauf empfang die Kinder hier aus meiner Hand.

ADMETOS.

Ein teures Pfand empfang ich aus der teuren Hand!

ALKESTIS.

Sei du nun ihre Mutter, sei's an meiner Statt!

ADMETOS.

Das muß ich, da sie dich verlieren, werd ich tun!

ALKESTIS.

O Kinder, nun ich leben sollte, muß ich fort!

ADMETOS.

Weh mir, von dir verlassen, ach! was fang ich an?

ALKESTIS.

Die Zeit hat Balsam: ein Verstorbner ist ein Nichts.

ADMETOS.

O nimm mich mit dir! bei den Göttern! nimm mich mit!

ALKESTIS.

Es ist genug an meinem Opfertod für dich.

ADMETOS.

Grausames Schicksal! Welche Gattin raubst du mir!

ALKESTIS.

Auch dunkelt schon mein Augenlicht, es bricht bereits!

ADMETOS.

So wär ich denn verloren, wenn du scheidest, Kind!

ALKESTIS.

Ich bin dahin, verschwunden! Nenne mich ein Nichts!

ADMETOS.

Erheb dein Antlitz! Geh von deinen Kindern nicht!

ALKESTIS.

Wie gerne blieb ich! Liebe Kinder, lebt denn wohl!

ADMETOS.

Nur *einen* Blick noch, *einen* schenk uns!

ALKESTIS. Hin! Dahin!

ADMETOS.

Du gehst? Verläßt uns?

ALKESTIS. Lebe wohl!

ADMETOS. Verlorner Mann!

Sie sinkt nieder.

CHOR.

Verschieden, hingeschwunden ist Admets Gemahl!

Strophe

EUMELOS.

Ach weh, meine Not! Fort, hinab ist nun
Mama, sie weilt, o Vater, nicht unter der Sonne mehr!
Hat mich verlassen grausam und mein Dasein verwaist!
Sieh den gebrochnen Blick und die erstarrte Hand!
Oh, erhöre mich, Mutter, hör, Mutter, ach, ich flehe!
Ich bin's, Mutter, der dich ruft, ich, dein Kind,
An dein Angesicht geschmiegt hier, dein Jünglein!

ADMETOS.

Sie hört dich nicht mehr, sieht dich nicht mehr: ich und ihr
Sind hart geschlagen durch ein schweres Mißgeschick!

Gegenstrophe

EUMELOS.

So jung und allein stehend, Vater, läßt
Mich hier die traute Mutter. Oh! mein Zustand ist arg!
Schrecklich ist mein Zustand, und, o Schwesterchen, deiner auch,
Und du trägst mit uns, Vater, denselben Schmerz!
Du verlierest der Ehe Glück, wandelst nicht an ihrer

Seit' an des Alters Ziel. Denn sie verschied zu früh!
Dein Hinscheiden macht das Haus stürzen, Mutter!
CHOR.

Dies Los, Admet, zu tragen ist Notwendigkeit.
Du bist der erste nicht und nicht der letzte, der
Ein braves Weib verloren hat. Bedenke denn,
Daß uns zu sterben allzumal beschieden ist.
ADMETOS.

Ich weiß es, und nicht plötzlich hat mich dieses Leid
Befallen; lange wußt ich's schon und härmte mich.
So ordn ich denn der teuren Leiche Grabesgang.
Bleibt zum Geleit und laßt ein Lied zum Gruße dann
Erschallen drunten jenem unfriedfertigen Gott.
All meinen Untertanen in Thessalien
Gebiet ich allgemeine Trauer um diese Frau
Durch kahle Haarschur und durch schwarze Kleidertracht.
Wer Viergespanne schirret, Einzelrosse zäumt,
Der soll der Renner Mähnen stutzen mit dem Stahl!
Kein Schall von Flöten oder Lauten töne mehr
Im Land, bis zwölfmal sich des Mondes Scheibe füllt.
Denn keinen lieberen Toten, keinen, der mich mehr
Geliebt, bestatt ich fürder. Wert der Ehren ist
Sie, die den Tod für mich allein erlitten hat!

*Die Leiche wird in das Haus getragen, Admet samt den Kindern
folgen ihr.*

Erste Strophe

CHOR.

Pelias' Tochter, so fahr wohl!
Auch im Reiche des Hades lebe
Noch vergnügt, in dem sonnenlosen Hause!
Wisse es Hades, der dunkellockige Gott, und der Alte,
Welcher das Ruder am Griff hält, der Seelenfährmann,

Daß das trefflichste, weit das beste Weib durch
Den Acheron-See zur Ruhe sein pflügendes Ruder hinführt!

Erste Gegenstrophe

Dichter und Sänger mit sieben-
Saitiger ländlicher Laute preisen
Dich hinfort und in ungesungnen Hymnen,
Zu Sparta, sooft im Karneen-Monat die jährliche Festzeit
Kehrt und am Himmel der Vollmond die Nacht durch leuchtet,
Und im herrlichen selgen Volk Athenens.
So trefflichen Stoff dem Dichtersang hast du zurückgelassen!

Zweite Strophe

Stünd es in meiner Macht, und
Könnt ich wieder ans Licht dich
Vom Gewölbe des Hades holen,
Über des Stroms Höllenfluten schiffend!
Denn du einzige, teure Frau
Warst so mutig, den Gatten
Vom Tod zu erlösen, einzusetzen
Dein Leben um seins! Sanft mög auf dir
Ruhen die Erde, du Treffliche! Sollte der
Gatt' eine andere Braut sich erkiesen, so würd er mir sehr
Verhaßt sein und deinen Kindern.

Zweite Gegenstrophe

Als sich die Mutter weigert',
Für ihr Kind sich zu legen
In das Grab, und der greise Vater,
Den sie gezeugt, nicht erretten mochten,
Die Unselgen in grauem Haar,

So bist du in der Blüte
Der Jugend den Opfertod gestorben!
Ja! Solch ein Ehweib wünsch ich mir!
Liebende Lebensgefährtin! Sie ist eine
Seltne Erscheinung im Leben! Es sollte an meiner Seit ihr
Dasein ungetrübt verfließen!

Herakles tritt auf.

HERAKLES.

Ihr Freunde, Gaugenossen im Pheraierland,
Sagt, treff ich wohl Admeten hier in seinem Haus?

CHORFÜHRER.

Der Sohn des Pheres weilt im Hause, Herakles.
Doch welcher Zweck wohl führt dich zur Thessalierstadt
Und treibt dich, aufzusuchen dies pheraiisch Land?

HERAKLES.

Tirynths Eurystheus sendet mich auf Abenteur.

CHOR.

Und welcher Kampf ist auferlegt? Wo ziehst du hin?

HERAKLES.

Nach Diomeds, des Thrakerfürsten, Viergespann.

CHOR.

Wie kannst du's leisten? Kennst du wohl den Fremden nicht?

HERAKLES.

Mitnichten! Nie noch kam ich ins Bistonenland.

CHOR.

Du wirst der Rosse Meister nur durch schweren Kampf.

HERAKLES.

Nun, Kämpfen auszuweichen ist nicht meine Art.

CHOR.

Du mußt ihn töten oder sterben auf dem Platz.

HERAKLES.

Das wäre nicht mein erster Wettkampf dieser Art!

CHOR.

Und was gewinnst du, wenn der Herrscher unterliegt?

HERAKLES.

Die Ross' als Beute für den König von Tirynth.

CHOR.

Den Zaum zu legen ins Gebiß ist nicht so leicht.

HERAKLES.

Nun, wenn sie nur nicht aus den Nüstern Feuer sprühn!

CHOR.

Doch Menschen malmt ihr Kiefer mit geschwindem Biß.

HERAKLES.

Das ist ja wilder Tiere Fraß, nicht Pferdeart!

CHOR.

Du kannst mit Blut besudelt ihre Krippen sehn.

HERAKLES.

Als welchen Vaters Sprößling rühmt sich, der sie hält?

CHOR.

Des Ares, Fürst des goldbeschlagnen Thrakerschilds.

HERAKLES.

In meinem Schicksal lag auch dieses Abenteur,
Das rauh auf jedem Schritte führt die steilste Bahn!
So muß ich mich mit Söhnen, vom Kriegsgott gezeugt,
Im Kampfe messen, mit Lykaons Kraft zuerst,
Mit Kyknos zweitens. Dieses ist der dritte Strauß,
In den ich zieh, um anzugreifen Ross' und Herrn.
Allein den Sohn Alkmenens soll man nimmermehr
Vor irgendeinem Feindesarme zittern sehn!

CHOR.

Sieh, hier erscheint der Herrscher dieses Landes selbst,
Admetos, aus dem Hause schreitend eben jetzt.

ADMETOS.

Heil dir, o Zeussohn, der von Perseus' Blute stammt!

HERAKLES.

Und Heil auch dir, Admetos, Fürst Thessaliens!

ADMETOS.

Das wünsch ich! Doch an deiner Liebe zweifl ich nicht.

HERAKLES.

Warum erblickt man diese Trauerschur an dir?

ADMETOS.

Bestatten will ich eine Leiche eben heut.

HERAKLES.

Bewahre Gott die Kinder dir vor Ungemach!

ADMETOS.

Die Kinder, meiner Ehe Segen, leben noch.

HERAKLES.

Dein Vater freilich, wenn er schied, war reif zum Grab.

ADMETOS.

Auch er noch samt der Mutter lebt, mein Herakles.

HERAKLES.

Ist etwa gar Alkestis, deine Gattin, tot?

ADMETOS.

Von ihrem Zustand läßt sich sagen zweierlei.

HERAKLES.

Zustand der Toten meinst du oder Lebenden?

ADMETOS.

Sie ist und ist nicht. Gram empfind ich über sie!

HERAKLES.

Nun weiß ich's um nichts besser, weil du Rätsel sprichst.

ADMETOS.

Du weißt ja, welche Schickung ihrer wartet längst.

HERAKLES.

Ich weiß: dem Tod statt deiner unterzieht sie sich.

ADMETOS.

Und folglich, wenn sie das gelobt, ist's aus mit ihr!

HERAKLES.

Nur nicht im voraus weinen! Laß es kommen erst!

ADMETOS.

Wer starb, ist nicht mehr, und wer sterben muß, ist tot.

HERAKLES.

Doch Sein und Nichtsein gilt ja nicht als einerlei.

ADMETOS.

Du siehst es so, ich anders an, mein Herakles.

HERAKLES.

So sprich, was weinst du? Welcher Angehörige starb?

ADMETOS.

Ein Weib! Vom Weibe tat ich Meldung eben auch!

HERAKLES.

Ein fremdes? oder anverwandtes deinem Haus?

ADMETOS.

Ein fremdes, doch dem Hause eng verbundenes.

HERAKLES.

Wie kam es, daß sie hier in deinem Haus verschied?

ADMETOS.

Sie blieb nach ihres Vaters Tod als Waise hier.

HERAKLES.

O weh!

Ich wollt, Admet, ich träf dich nicht in Trauer an.

ADMETOS.

Wohin, o Freund, zielt dieses Wort? Was willst du tun?

HERAKLES.

Zu eines andren Freundes Herd hin will ich ziehn.

ADMETOS.

Mimichten, Fürst! Vor solchem Leid bewahre mich!

HERAKLES.

Ein Gast ist lästig bei der Trauer, wenn er kommt.

ADMETOS.

Der Tote bleibt tot: also tritt nur immer ein!

HERAKLES.

Bei Freunden, welche trauern, schmausen schickt sich nicht.

ADMETOS.

Gaststuben, die gesondert liegen, geb ich dir.

HERAKLES.

Entlaß mich, und ich weiß dir tausendfachen Dank!

ADMETOS.

Du darfst bei keinem andren Herd einkehren je!

Zu einem Diener.

Du führ den Gast hier, schließ die außenliegenden
Gaststuben auf, heiß denen, deren Dienst es ist,
Für Speisenfülle sorgen, und dann schließet ab
Die Mitteltür des Ganges. Gäste dürfen nicht
Beim Schmaus das Weinen hören, nicht gestöret sein!

Herakles geht mit dem Diener ab.

CHOR.

Was tust du? Während solch ein Unfall dich betrübt,
Admet, empfängst du Gäste? Töricht bist du doch?!

ADMETOS.

Und hätt ich abgewiesen ihn von Haus und Stadt,
Den müden Gastfreund, fändst du dies wohl löblicher?
O nein, mein Unfall würde dadurch keineswegs
Gemindert sein, ich aber hieß ungastlicher
Und fügte so zum Übel noch ein Übel, daß
Unhold den Fremden hieße mein sonst gastlich Haus.
Zudem ist dieser Mann mir stets der beste Wirt,
Wenn je mein Fuß das dürre Argosland betritt.

CHOR.

Wozu denn aber dein Geschick verheimlichen,
Wenn dieser Mann dein Freund ist, wie du selber sagst?

ADMETOS.

Er wäre schwerlich eingetreten in mein Haus,
Sofern ihm etwas ahnte nur von meinem Leid.
Und manchem mag mein Handeln töricht scheinen wohl,
Und nicht zu loben; aber meines Hauses Art
Ist's nicht, verschmähend abzuweisen einen Gast.

Ab in das Haus.

Erste Strophe

CHOR.

Reichbesuchtes, edelgesinntes und gastliches Haus des Mannes,
Dich wählte der pythische Gott, Apoll mit goldner Laute, selbst zur
    Wohnung,
Geruht' in deinen Räumen der Viehherden Hirt zu werden.
In den Triften der Flur, entlang Quertälern und Halden tönt' sein
    Spiel
Herdensegnender Lieder!

Erste Gegenstrophe

Daß entzückt mitweideten scheckige Luchse vom Sangeston, und
Vom Othrysgebirge die Horde feuergelber Löwen kam gezogen,
Und buntgefleckte Rehe um dein Saitenspiel, o Phoibos,
Sich bewegten, behenden Sprungs hochwipflige Tannen lassend vor
Lust an fröhlichen Klängen.

Zweite Strophe

Drum wohnt er gesegnet, und sein
Ist das herdenreichste Gehöfte entlang
Klarer Flut des boibischen Sees, und er setzt
Seinen Gebreiten und Ackergefilden zur Markung den Himmel ob
    dem
Molossergebirg an der Sonnenfahrt nächtlicher Ruh,
Herrschet beim Ägäischen Meer um Pelions hafenlose Küsten.

Zweite Gegenstrophe

Jetzt öffnet er wieder sein Haus,
Und mit nassen Wimpern empfängt er den Gast,

Weinend um die Leiche der teuren Frau,
Welche soeben verschied. Denn es leitet zur Achtung der Seelenadel,
Im edlen Gemüt sind der Weisheit Grundtiefen und Höhn!
Und mein Herz hegt festes Vertraun: dem frommen Mann muß es
    wohlergehen!

Die geschmückte Tote wird aus dem Haus getragen. Um die Bahre
ordnet sich der Leichenzug.

ADMETOS.
    Gewogner Beistand, Männer vom Pheraierstaat,
    Die Leiche, völlig ausgestattet, trägt bereits
    Der Diener Arm mit allem hin zur Grabesstatt.
    Begleitet ihr die Hingeschiedne, wie's gebührt,
    Mit einem Gruß des Scheidens auf dem letzten Weg!
CHOR.
    Wohl! Doch ich sehe deinen Vater wandeln her
    Mit greisem Fuß und Diener, deren Hände Schmuck
    Und Totenzierat tragen deinem Ehgemahl.
PHERES.
    Ich komm, um Anteil deinem Leid zu weihen, Sohn!
    Dir ist ein trefflich, tugendhaftes Weib geraubt!
    Wer wird es leugnen? Dennoch ist's Notwendigkeit,
    Sich dem zu fügen, sei's zu tragen noch so schwer.
    Nimm diesen Schmuck hier, daß er mit ins Grab hinab
    Ihr folge! Wert der Ehren ist ihr teurer Leib,
    Die ihre Seel um deine Seele gebend starb,
    Nicht kindeslos mich machte, deiner nicht beraubt
    Im gramgebeugten Alter mich verkümmern ließ
    Und Ruhm erworben hat dem ganzen weiblichen
    Geschlecht, indem sie diese mutige Tat bestand!

Zu der Toten gewendet.

O Retterin meines Sohnes, die mich selbst vom Fall
Hat aufgerichtet, fahre wohl, und wohl ergeh's

Dir noch im Hades! Solche Ehen, sag ich, sind
Der Männer Segen; sonst ist besser nicht gefreit!
ADMETOS.

Unaufgefordert nahst du diesem Leichenzug,
Und unwillkommen ist mir deine Gegenwart,
Und deinen Schmuck legt diese nie und nimmer an.
Sie wird bestattet und bedarf des Deinen nicht!
Anteil zu zeigen stand dir zu in meiner Not;
Dort ferngeblieben und das Sterben, so betagt,
Der Jüngern lassend, klagst du um die Leiche nun?
So bist du meines Leibes echter Vater nicht,
Noch ist die sogenannte, so sich nennende
Die echte Mutter, und ich bin von Sklavenblut
Und heimlich an die Brust geschoben deinem Weib.
Du hast die Prüfung nicht bestanden, bist entdeckt!
Ich acht mich nicht als deinen Sohn, von dir gezeugt!
Gewiß an Feigheit übertriffst du alle Welt,
Der, so bejahrt, am Ziel des Lebens angelangt,
Den Willen nicht, den Mut zu sterben nicht besaß
Für seinen Sprößling, sondern dieses fremde Weib
Eintreten ließ, die ganz allein mit Recht von mir
Als Vater und als Mutter angesehen wird.
Und doch, du hättest einen schönen Kampf gekämpft,
Für deinen Sohn dich opfernd. Denn nur kurze Frist
War dein im ganzen noch vorhandner Lebensrest,
Und ich und diese lebten unser Leben aus.
Und war dir doch geworden, was ein Glücklicher
Begehren kann: in kräftiger Jugend auf dem Thron,
Und mich als Sohn besitzend und Erbfolger dann,
So daß du sterbend ohne Leibeserben nicht
Zur Beute Fremden ließest ein verwaistes Haus.
Und sage nicht, du hast mich preisgegeben, weil
Ich nicht dein Alter ehrte! Denn mit Achtung bin
Ich dir zumal begegnet. Dafür hast du mir

In dieser Art vergolten wie die Mutter auch!
Drum säume nicht und schaff dir andre Kinder an,
Die dein im Alter pflegen und den Toten einst
Noch liebend schmücken, auf der Bahre ausgestellt.
Denn ich bestatt mit meiner Hand dich nimmermehr.
Denn was an dir lag, bin ich tot – genieß ich noch
Das Licht durch Wohltat andren Retters, nun, so nenn
Ich dessen Sohn mich, will ihm Kindespflichten weihn.
Ein leeres Wort ist's, wenn ein Greis den Tod sich wünscht,
Das Alter lästert und die lange Lebenszeit:
Erscheint die Todesstunde, dann will keiner mehr
Verscheiden, und das Alter ist ihm keine Last.

CHOR.

Stell ein den Hader! Denn das gegenwärtige Leid
Ist groß genug schon. Reize nicht des Vaters Herz!

PHERES.

O Sohn, was denkst du? Steht ein Lyder, Phryger, ein
Um Geld gekaufter Sklave vor dir, den du schmähst?
Bedenkst du, daß ich edel freigeboren bin,
Thessalischer Bürger und thessalischen Vaters Kind?
Welch übermütge Schmähung! Hingehn soll dir's nicht,
So heftige Lästerung auszuschütten über mich!
Zum Herrn des Hauses hab ich dich erzogen und
Gezeugt; für dich zu sterben aber brauch ich nicht.
Daß Väter für die Söhne sterben, hab ich nicht
Ererbt als Ahnensitte nach hellenischem Brauch.
Dein Glück und Unglück hast du für dich selber, wie's
Auch falle – was ich schuldig war, das gab ich dir.
Du gebietest über vieles, viele Morgen Lands
Empfingst du, wie mein Vater mir sie hinterließ.
Wo ist das Unrecht? Was entzog, was nahm ich dir?
Stirb du für mich nicht, und ich sterbe nicht für dich.
Dich freut das Leben – deinen Vater freut es auch!
Die Zeit im Grab ist lang genug, so dünkt es mir;

Das Leben währet kurze Frist, doch ist sie süß.
Du hast ums Leben dich gestritten ohne Scham,
Hast, diese opfernd, überschritten dein Geschick,
Dein dir bestimmtes – klagst der Feigheit hinterher
Mich an, von einem Weib besiegt, du feigster Mann,
Das sich für dich, du feiner Jüngling, opferte?
Ein Mittel, nie zu sterben, hast du klug entdeckt,
Indem du stets die Gattin, die du hast, bewegst,
Für dich zu sterben. Und du schiltst die Deinen dann,
Die dies zu tun sich weigern, selbst ein feiger Mensch?
Sei still und glaube, so, wie du dein Leben liebst,
So liebt es jeder. Sprichst du Schmähung gegen mich,
So sollst du Schmähung hören, und gegründete!

CHOR.

Zu viele Schmähung ist zuvor und jetzt gesagt!
Laß ab, o Greis, hör auf zu lästern deinen Sohn.

ADMETOS.

Sprich nur; auch ich sprach. Wenn die Wahrheit deinem Ohr
Weh tut, so mußt du nur an mir nichts Übles tun.

PHERES.

Am schlimmsten tat ich, wenn ich starb an deiner Statt.

ADMETOS.

So wär es gleichviel, ob ein Greis, ein Jüngling stirbt?

PHERES.

Nur einmal lebt und stirbt man ohne Wiederkehr.

ADMETOS.

So leb denn ewig! Lebe längre Zeit als Zeus!

PHERES.

So fluchst du deinen Eltern, und ohn allen Grund?

ADMETOS.

Ich merkte doch, du wünschest langes Leben dir!

PHERES.

Beerdigst *du* nicht diese Leiche an deiner Statt?

ADMETOS.

Von deiner Feigheit ein Beweis, du schlechter Mann!

PHERES.

Sie litt von mir aus nicht den Tod. Das sage nicht!

ADMETOS.

Oh!

Wie wünsch ich, daß du meiner bald benötigt seist!

PHERES.

Heirate noch recht viele und laß sie sterben so.

ADMETOS.

Nur deine Schande, der's zu tun sich weigerte!

PHERES.

Oh, süß ist dieses göttlich Himmelslicht! Oh, süß!

ADMETOS.

Das ist ein feiges Streben, ziemet Männern nicht!

PHERES.

So trägst du lachend doch den Alten nicht zu Grab!

ADMETOS.

Und also stirbst du ehr- und ruhmlos, wenn du stirbst!

PHERES.

Geschmäht zu werden, wenn ich tot bin, rührt mich nicht.

ADMETOS.

O weh! Wie ist das Alter ohne Scham und Scheu!

PHERES.

Die hier bewies Scham! Diese fand sich dumm genug!

ADMETOS.

Hinweg, und laß mich diesen Leib beerdigen!

PHERES.

Ich geh! Ihr eigner Mörder du, begrabe sie!
Du gibst dafür noch deinen Schwähern Rechenschaft!
Fürwahr, Akastos wäre wohl kein rechter Mann,
Wofern er nicht der Schwester Blut von dir begehrt.

Ab

ADMETOS.

Fahr hin mit deiner Ehehälfte! Altert hin,
Kindlos bei eures Sohnes Lebzeit, wie's gebührt!
Du sollst mit mir nicht unter einem Dache mehr
Verweilen! Müßt ich selber dir den Ahnenherd
Aufkünden durch Herolde, tät ich's ohne Scheu!
Wir aber – einmal muß ich doch den Schmerz bestehn –
Ziehn hin und geben diesen Leib dem Scheiterbrand.

Die Tote wird davongetragen.

CHOR.

Io, io! starkmutiges Herz,
O edles und einzig herrliches Weib,
Fahr wohl! Hades empfang dich mit Huld
Drunten und Hermes! Und findet daselbst
Der Gerecht' einen Lohn, dir werd er zuteil
Zur Seite der Hades-Vermählten!

Der Chor schließt sich dem Zuge an. Der Diener tritt auf.

DIENER.

Schon manche Fremde weiß ich und aus manchem Land
Im Haus Admets hier eingekehrt und habe sie
Bedient beim Mahle; aber keinen schlimmern Gast
Als diesen nahm ich je noch auf an unsrem Herd,
Der erstlich eintrat, da er doch die Trauer sah
Des Herrn, und unbedenklich durch die Pforte schritt
Und zweitens, wissend von dem Unfall, keineswegs
Bescheiden hinnahm jede dargebotne Gab,
Nein, wenn noch etwas fehlte, rasch es bringen hieß!
Und trank, den Efeubecher fassend mit der Hand,
Der braunen Mutter Rebe lautren, reinen Saft,
Bis ihn die Glut erwärmte und ihm zu Kopfe stieg
Der Geist des Weins, und kränzt' die Stirn mit Myrtenlaub,
Mißhellig heulend. Töne schollen zweierlei:

Der drinnen sang, um seines Wirtes Trauerfall
Ganz unbekümmert; wir, die Diener, jammerten
Um unsre Herrin, ohn ein nasses Auge doch
Dem Gast zu zeigen, weil Admet es so gebot.
Und jetzt bewirt ich drinnen diesen fremden Gast,
So einen frechen Räuber und nichtswürdgen Dieb,
Und sie ist fortgezogen, und ich folgt ihr nicht,
Erhob zum Abschied nicht die Hand, beweinte nicht
Die Herrin, die mir und dem Hausgesinde stets
Eine Mutter war, den Zorn des Herrn begütigend
Vor tausend Strafen schützte! Hab ich also Grund,
Den Gast zu hassen, der im Leid gekommen ist?

Herakles tritt heraus mit bekränztem Haupt.

HERAKLES.
Du da, warum so kummervoll, so feierlich?
Aufwärter müssen Gästen nicht mit düstrem Blick
Begegnen, nein! leutselig und gesprächig sein!
Ein trauter Freund, sieh, deines Herren kommt zu dir,
Und du empfängst ihn mürrisch mit gefurchter Stirn,
Indem dich ein auswärtiger Todesfall verstimmt.
Komm her, damit du doch ein bißchen weiser wirst!
Das menschlich Leben, weißt du, wie's beschaffen ist?
Ich glaube schwerlich! Denn woher auch? Höre denn:
Sieh, allen Menschen ist der Tod beschieden, und
Es gibt auf Erden keinen, welcher sicher weiß,
Ob auch der nächste Tag ihn noch am Leben trifft.
Des Glückes Laune ist ungewiß, wohin sie führt,
Nimmt keine Lehr an, keine Regelung durch Geschick.
Nun, wenn du dies vernommen und begriffen hast,
So lebe lustig, trinke; nur der heutige Tag
Gehört dir eigen, alles andre nur dem Glück.
Und opfre auch der Göttin Kypris, die so süß
Dem Menschen, deren Wesen höchst wohltätig ist!

Das andre da laß fahren hin und folge mir
Und meinem Rat, wofern er wahr und richtig scheint.
Ich glaub, er ist es! Also weg mit diesem Gram,
Und schreit hinein durch dieses Tor und trink mit mir,
Vom Kranz umschattet! Und ich bin gewiß, daß dich
Aus dieser düstren, zugeschnürten Laune wohl
Des Bechers muntres Schwingen bald flott machen wird!
Der Sinn des irdischen Menschen muß auch irdisch sein,
Indem den Feierlichen, Stirnerunzelnden
Das Leben, wenn man meinem Urteil trauen will,
Stets nur ein Elend und kein rechtes Leben ist!

DIENER.

Das weiß ich wohl. Doch unsre gegenwärtige Lag
Ist nicht von der Art, daß ihr Scherz und Zechen ziemt.

HERAKLES.

Die Gestorbne war kein Glied des Hauses. Traure nicht
Zu sehr, die Herrschaft dieses Hauses lebt ja noch!

DIENER.

Sie lebt? Du weißt nicht, wen das Haus verloren hat!

HERAKLES.

Ich weiß es, wenn mich dein Gebieter nicht belog!

DIENER.

Ach, gar zu gastlich, gar zu liebreich ist er stets!

HERAKLES.

Sollt ich der Wohltat missen um ein fremdes Weib?

DIENER.

O ja! 'ne recht auswärtige, landesfremde Frau!

HERAKLES.

So hätt er einen Hauptverlust mir nicht entdeckt?!

DIENER.

Gehab dich wohl! Wir trauern um ein Leid des Herrn!

HERAKLES.

Die Äußerung zielt auf keinen fremden Todesfall!

DIENER.

Ich sähe sonst dein Zechen nicht mit Ärger an!

HERAKLES.

Hat mich mein Gastfreund hier zum besten? Höhnt er mich?

DIENER.

Du bist zur Unzeit angelangt und eingekehrt:
Wir haben tiefe Trauer. Dies beweisen dir
Die schwarzen Kleider und die Haarschur.

HERAKLES. Wer ist tot?

Trägt man ein Kind? den greisen Vater hin zur Gruft?

DIENER.

Nein, Herr! Admets Gemahlin ist es, die verschied.

HERAKLES.

Was sagst du? Und ihr nahmt mich auf? Bewirtet' mich?

DIENER.

Nun freilich! Denn dich abzuweisen scheut' er sich.

HERAKLES.

Entsetzlich! Welche Ehgenossin! Armer Freund!

DIENER.

Wir alle sind vernichtet, nicht nur sie allein!

HERAKLES.

Ich merkt es freilich, seiner Augen Tränen und
Sein Haar und Miene sehend; dennoch glaubt ich ihm,
Daß diese Leichenfeier einer Fremden gilt.
Trotz meiner Ahnung überschritt ich diese Schwell
Und trank im Haus des Mannes, der so gastlich ist
Bei diesem Zustand! Und ich zeche noch, die Stirn
Vom Kranz umschattet?! Aber daß du's mir verschwiegst,
Daß ein so großer Jammer auf dem Hause liegt!
Wo wird sie jetzt beerdigt? Wo nur find ich ihn?

DIENER.

Am graden Wege, welcher gen Larissa führt,
Dort bei der Vorstadt siehst du ein gemeißelt Grab.

HERAKLES.

O Herz und Mut, der schon so manches kühn gewagt,
Beweise jetzt, wie tapfer dich Elektryons Kind
Dem Zeus, Alkmene von Tirynth, geboren hat!
Denn unverzüglich muß die hingeschiedne Frau
Gerettet werden und ins Haus zurückversetzt,
Alkestis, und Admeten Gunst erwiesen sein!
Ich geh, dem schwarzbeschwingten Leichenfürsten selbst,
Dem Tode, aufzulauern. Leicht wohl treff ich ihn
Beim Opfermahl, sich setzend in des Grabes Näh.
Und wenn ich ihn dann packe, aus dem Hinterhalt
Vorstürzend, und umklammre mit dem Reif des Arms,
Daß ihm die Rippen brechen, soll ihn in der Welt
Niemand entwinden, bis er mir die Tote gibt.
Verfehl ich aber diesen Fang, und kommt er nicht
Zum blutigen Kuchen, dann ins sonnenlose Haus
Der Kore steig ich und des Fürsten keck hinab
Und fordre sie, Alkesten. Und ich bin gewiß,
Ich führ sie wieder in den Arm des Freunds empor,
Der mich ins Haus genommen, nicht verstoßen hat,
So hart geschlagen durch ein schweres Ungemach,
Und mir's verhehlte aus Edelmut und zarter Scheu.
Wer ist, wie er, aufopfernd in Thessalien,
Im ganzen Hellas? Keinem undankbaren Mann
Sei diese Gunst erwiesen von dem edlen Mann!

Herakles ab.
Admetos kehrt mit dem Chor von dem Begräbnis zurück.

ADMETOS.

O weh! O weh! Traurige Rückkehr!
Trauriger Anblick, das verödete Haus!
O weh mir! ach, ach!
Wo verweil ich? Wo bleib ich? Was sprech ich? Was nicht?
Wär ich gestorben!

Unseliger Mann, zum Jammer gezeugt!
Den Gestorbnen ist wohl! Dort sehn ich mich hin!
Sanft ruht sich's im Grab, im finstren Gemach!
Mich freut's nicht mehr, zu erblicken das Licht,
Noch zu wandeln mehr am Boden der Erd –
Ein so teures Pfand hat der Tod mir geraubt
Und die finstere Hölle verschlungen!

Erste Strophe

CHOR.
  Tritt ein, tritt ein, ein in Zimmerräume!
  Dein Zustand zwar ist Wehklagens wert –
ADMETOS. Ach! Ach!
CHOR.
  Herzeleid, gewiß! erfuhrst du –
ADMETOS. Weh! Weh!
CHOR.
  Allein dies nützt der Toten nichts –
ADMETOS. O weh! Weh mir!
CHOR.
  Nie Blick in Blick der teuren Gattin zu sehn
  Ins Antlitz ist freilich schmerzlich!
ADMETOS.
  Du berührest die Wund', ihr blutet mein Herz!
  Kein größeres Leid gibt's als den Verlust
  Eines treuen Gemahls! Oh, hätt ich doch nie
  Mich vermählet, mit ihr nie glücklich gelebt!
  Ich beneide den Mann ohne Kinder und Weib:
  Um *ein* Dasein ist Sorgen und Gram
  Eine mäßige Last!
  Doch Kinderverlust und zärtliche Lieb
  Vom Tode zerstört auf ewig zu sehn

Ist erdrückender Gram! Besser, von Anfang
Dies Glück niemals zu besitzen!

Erste Gegenstrophe

CHOR.

Dir fiel ein Los schweren, schweren Ringens.
Allein du setzest kein Ziel dem Gram –
ADMETOS. Ach! Ach!
CHOR.

Schwer, gewiß, zu tragen. Dennoch –
ADMETOS. Weh! Weh!
CHOR.

Sei standhaft! Mancher schon verlor –
ADMETOS. O weh! Weh mir!
CHOR.

Ein braves Weib. Im irdischen Leben befällt
Das Leid diesen bald und jenen.
ADMETOS.

O ewiges Leid um Geliebte und Gram
Um die Teuren im Grab!
Was hieltst du mich ab, mich zu stürzen ins Grab,
In die gähnende Grub, und drunten bei ihr,
Beim herrlichsten Weib, entseelet zu ruhn?
So hätte der Tod zwei Leben für eins,
In Treue vereint, umfangen, dem See
Acheron selbander sich nahend!

Zweite Strophe

CHOR.

Mir nahverwandt, büßte ein Mann seinen einzigen Sohn, ein
Tränenwertes Kind, ein
In dem Haus und trug doch

Das Leid gelassen, kinderlos
Bei ergraueten Haaren
Hinwankend zur Gruft, näher dem Grabe wandelnd.
ADMETOS.
O verwandeltes Haus! Wie tret ich hinein?
Wie wohn ich in dir? Welch ein Umschlag
Des Geschicks! Weh mir! Welch ein Abstand!
Damals im Schein pelischer Fackeln,
Von Liedern umtönt, schritt stolz ich hinein,
Mein trautes Gemahl an der glücklichen Hand,
Und folgte mir nach ein jubelnder Chor,
Der Entschlafenen Glück hochpreisend und mich,
Daß edlen Geschlechts, von Helden entstammt,
Braut und Bräutgam sich einten im Bund!
Und jetzt statt Brautlieds Tränen und Gram,
Und Trauergewand statt festlichen Staats!
Sie führen mich hin
Zum traurig verödeten Lager!

Zweite Gegenstrophe

CHOR.
Dir hat das Glück immer gelächelt; so bist du des Leidens
Ungewohnt! Gerettet
Ist das Dasein gleichwohl!
Sie starb und ließ dir ihre Lieb.
Ist es neu? Von der Seite
Riß manchem der Tod schon die geliebte Gattin!
ADMETOS.
Ihr Lieben, meiner Gattin Schicksal dünkt mir noch
Glückselger als das meine, scheint's auch andern nicht.
Denn *sie* berühren fürder keine Schmerzen mehr,
Aus mancher Trübsal schied sie weg ruhmvollen Tods.
Ich, nicht bestimmt zu leben, lebe gramgebeugt,

Nachdem ich meine Stund umging; nun seh ich's ein!
Wie will ich's tragen, einzugehn in dieses Haus?
Wen grüßend und von wem begrüßet mag ich wohl
Hier frohen Einzug finden? Wohin wend ich mich?
Die Öde drinnen treibt mich fort, indem ich dort
Der Gattin leeres Lager seh, die Stühle leer,
Auf denen sonst sie ruhte, überall im Haus
Den Boden staubig, und die Kinder, mir ans Knie
Gestürzt, der Mutter weinen, Tränen überall
Der Herrin fließen, die dem Haus verloren ist!
So steht's im Haus, und außerhalb vertreiben mich
Die frauenerfüllten Kreise und das Eheglück
Thessalischer Gatten – meiner Frau Gespielinnen
Zu sehen wird mir unerträglich schmerzlich sein.
Und mancher, der mir übelwill, spricht also: »Seht
Den, der mit Schmach lebt, nicht den Mut zu sterben hatt
Und der aus Feigheit seine Gattin opferte,
Den Tod zu meiden! Glaubt er noch ein Mann zu sein?
Und haßt die Eltern, der zu sterben selber doch
Sich scheut'!« Im Kummer diesen Leumund soll ich noch
Ertragen? Ist mir dann das Leben noch Gewinn
In solchem Elend und in solchem schlimmen Ruf?

Erste Strophe

CHOR.

    Mein Geist schwang sich zur Dichtung
    Und zu himmlischen Dingen und
    Forscht' in gründlichem Denken und
    Fand nichts Stärkeres als Not-
    Wendigkeit; in den thrakischen
    Tafeln, welche beschrieben
    Sind mit orphischem Spruch, gibt's
    Keinen Zauber, von Mitteln für

Leidengeplagte Menschen,
Welche Apollon der Heil-
Kunde verlieh, nicht eines!

Erste Gegenstrophe

Sie allein von den Göttern
Beut sich weder in Bildnis noch
Altar, achtet der Opfer nicht.
Nah im Leben, o Hehre,
Mir nie stärker denn bisher! Selbst
Zeus, was immer er zuwinkt,
Mit dir führt er's zu Ende.
Kein Erbarmen in deinem starr-
Sinnigen schroffen Wollen!
Selbst den chalybischen Stahl
Brichst du entzwei gewaltsam!

Zweite Strophe

Dieser Gewalt eherner Arm schlug dich in Banden. Sei
Standhaft! Wird ja doch niemals die Entschlafne
Durch dein Weinen zurückgebracht!
Selbst Söhne von Göttern schwinden
Hin, umnachtet vom Tod.
Lieb war sie in unsrer Mitte,
Lieb bleibt sie im Tode selbst noch!
Die edelste aller Fraun war
Einst in Wonne mit dir vereinigt!

Zweite Gegenstrophe

Nicht wie die Grabstätten Dahinschwindender achten wir
Dieser Seligen Gruft, göttlicher Ehren

Würdig, Wandrern ein Heiligtum!
Und mancher, den Seitenpfad hin-
Wandelnd, spreche das Wort:
»Die starb für den Gatten einstmals;
Jetzt ist sie ein selger Geist! Dir
Heil, Herrliche! Mir gib Segen!«
Also grüßen sie Segensstimmen!

Chorführer

Doch sieh, Alkmenens Sprößling wandelt, wie mir dünkt,
Admet, zu deinem Herde wieder hier zurück.

Herakles tritt mit einem verschleierten Frauenbild auf.

HERAKLES.
Aufrichtigkeit muß walten zwischen Freunden und
Kein Tadel bleiben in verschloßner Brust bewahrt.
Admet, ich hätt erwartet wohl, in deinem Leid
Als Freund erprobt zu werden, der dir nahestand.
Doch du verschwiegst mir, daß die Leiche deiner Frau
Läg auf der Bahre, nahmst im Haus mich gastlich auf,
Als gälte deine Trauer fremdem Todesfall.
Die Stirne dann bekränzend, goß ich Spenden aus
Den Göttern hier in deinem tiefbetrübten Haus.
Das muß ich tadeln, tadeln, daß mir dies geschah.
Indes dich kränken will ich nicht in deinem Schmerz.
Weshalb ich aber wieder hier bin, umgekehrt,
Vernimm: du sollst mir dieses Weib bewahren hier,
Bis daß ich mit den Rossen vom Bistonenland
Herkomm und Thrakiens Herrscher mir erlegen ist.
Doch kommt, was Gott verhüt' – er geb mir Wiederkehr! –,
So sei sie zur Aufwärtrin deinem Haus geschenkt.
Durch schwere Arbeit ward sie meinem Arm zuteil.
Ich fand ein Kampfspiel angeordnet irgendwo

Für Ringer jedes Standes, wohl der Mühe wert;
Den Sieg errang ich und gewann zum Preise sie.
Denn wer in leichtren Spielen siegte, der bekam
Zum Lohne Rosse; wer in größren überwand,
Faustkampf und Ringen, führte Rinder heim, dabei
Ein Weib als Dreingab. Weil ich grad anwesend war –
Zu verzichten auf so edlen Lohn, schien mir 'ne Schmach.
Doch, wie gesagt, bewahren sollst du dieses Weib.
Denn keinen Diebstahl, sondern großer Mühen Preis
Vertrau ich dir; du wirst mich loben hinterher!

ADMETOS.

Nicht aus Verschmähung oder Mangel an Vertraun
Verhehlt ich meiner Gattin herben Todesfall.
Allein es hieß zum Grame Gram noch häufen, wenn
Du mir davongingst in ein andres Freundeshaus:
Mein Leid zu weinen war ich selber mir genug.
Doch dieses Weib laß, wenn es angeht, Fürst, ich bitt,
Zu einem andren Landsbewohner, welcher nicht
In meiner Lag ist, ziehen! Viele Freunde hast
Du hier in Pherai; rege nicht mein Leiden auf!
Ich kann unmöglich, wenn ich sie erblick im Haus,
Die Tränen hemmen. Füge nicht noch neuen Schmerz
Zum Schmerze: schwer schon beugt mich ohnedem der Gram!
Wo soll ich auch ein junges Weib herbergen? Denn
Von ihrer Jugend zeugt der Schmuck und Kleiderputz.
Und soll ihr Platz sein in der Männerwohnung – wie
Sie rein bewahren im Verkehr mit jungem Volk?
Zu zügeln freche Jugend ist, mein Herakles,
Nicht leicht – aus Vorsorg deinetwegen sag ich es.
Und räum ich ihr der Hingeschiednen Kammer ein,
Wie soll ich diese schaffen in ihr Schlafgemach?
Zwiefachen Tadel fürcht ich: von der Bürgerschaft,
Daß man mir vorwirft, schnöden Undanks gegen sie,
Die Retterin, läg ich einem jungen Weib im Arm –

Und dann der Toten, mir verehrungswürdigen,
Ihr bin ich Rücksicht, viele, schuldig. Du, o Weib,
Wer auch du sein magst, wisse, daß du einerlei
Gestalt und Wuchs und Haltung mit Alkesten hast.
Weh mir! Beim Himmel, schaffe dieses Weib hinweg
Mir aus den Augen! Quäle mich Gequälten nicht!
Leibhaftig meine Gattin glaub ich hier in ihr
Zu sehn! Das Herz wallt über, aus den Augen stürzt
Ein Strom von Tränen! Oh, ich schwergeschlagner Mann!
Oh, welche bittre Schmerzen kost ich neuerdings!

CHOR.

Ich kann dein Schicksal freilich nicht wohl preisen. Doch
Man muß mit Fassung tragen, was der Himmel gibt.

HERAKLES.

Oh, hätt ich Macht und Kraft genug, ans Licht empor
Zu schaffen deine Gattin aus der untren Welt
Behausung, dir zu leisten diesen Freundesdienst!

ADMETOS.

Ich weiß es, daß du's tätest; doch wie soll's geschehn?
Kein Mensch erweckt Gestorbne je zum Leben mehr.

HERAKLES.

So sei auch nicht so heftig! Trag es mit Gebühr!

ADMETOS.

Leicht ist's, zu mahnen, schwer, im Leid standhaft zu sein.

HERAKLES.

Doch was gewinnst du, wenn du ewig weinen willst?

ADMETOS.

Das weiß ich wohl; allein mich zieht ein mächtiger Reiz.

HERAKLES.

Die Liebe zur Verstorbnen lockt wohl Tränen her!

ADMETOS.

Ich bin vernichtet, ärger, als ich's sagen kann.

HERAKLES.

Ein braves Weib verlorst du. Wer bestritte das?

ADMETOS.

So daß ich nie im Leben mehr froh werden kann!

HERAKLES.

Die Zeit hat Balsam; jetzt ist noch die Wunde frisch.

ADMETOS.

Die Zeit? O ja! Wenn Zeit soviel wie Sterben heißt!

HERAKLES.

So heilt ein Weib die Wund und Lust zu neuer Eh.

ADMETOS.

Oh, schweig! Wie häßlich! Hätt ich's doch niemals gedacht!

HERAKLES.

Wie? Willst du Witwer bleiben, gar nicht freien mehr?

ADMETOS.

Kein Weib auf Erden soll an meiner Seite ruhn.

HERAKLES.

Und meinst du wohl, der Abgeschiednen nütze das?

ADMETOS.

Sie muß ich stets verehren, wo sie immer sei.

HERAKLES.

Wohl löblich, löblich! Aber Torheit bleibt es doch!

ADMETOS.

Du wirst mich niemals Bräutigam mehr nennen, nie!

HERAKLES.

Ich lob es, daß du deine Gattin liebst so treu.

ADMETOS.

Werd je ich untreu ihr, der Fernen, sei's mein Tod!

HERAKLES.

So nimm denn diese in dein edles Haus hinein.

ADMETOS.

O nicht! Bei deinem Vater Zeus beschwör ich dich!

HERAKLES.

Allein es wird dich reuen, wenn es unterbleibt.

ADMETOS.

Und wenn ich's tue, bringt es Gram und Herzeleid.

HERAKLES.

Folg mir! Zum Troste schlägt die Gunst um sicherlich.

ADMETOS.

Weh!

Oh, daß du diese je im Kampf gewonnen hast!

HERAKLES.

Allein in meinem Siege hast du mitgesiegt.

ADMETOS.

Ganz wohl gesprochen! Doch das Fraunbild bleibe fern!

HERAKLES.

Sie geht, wenn's sein muß; aber prüf erst, ob sie muß.

ADMETOS.

Sie muß es, wenn du mir darum nicht böse wirst.

HERAKLES.

Ich habe gleichfalls einen Grund, warum ich's will.

ADMETOS.

So siege denn, doch tust du, was mir nicht gefällt.

HERAKLES.

Du lobst mich noch – es kommt die Zeit! Drum folge mir.

ADMETOS *zu den Dienern.*

Führt die hinein da, weil ich denn sie nehmen muß!

HERAKLES.

Nein, deinen Dienern überlaß ich nicht das Weib!

ADMETOS.

So führe denn sie selbst ins Haus, wenn dir's beliebt.

HERAKLES.

Nein, nur in deine eignen Hände geb ich sie.

ADMETOS.

Ich rühr sie nicht an. Einzutreten steht ihr frei.

HERAKLES.

Nur einzig deiner Rechten wird sie anvertraut.

ADMETOS.

Du tust mir Zwang an! Wider Willen muß ich's tun!

HERAKLES.

Nur mutig, rühr die Fremde an! Reich her die Hand!

ADMETOS *mit abgewandtem Gesicht.*

Nun denn, ich faß sie, ein enthauptet Gorgobild!

HERAKLES.

Du hast sie?

ADMETOS. Ja!

HERAKLES. Behalte sie! Bald wirst du auch

Den Sohn des Zeus lobpreisen als hochherzigen Freund.

Er entschleiert sie.

Blick ihr ins Auge, ob sie deiner Gattin scheint

Zu gleichen! Laß den Kummer fahren, freue dich!

ADMETOS.

O Gott, wie wird mir? Solches Wunder unverhofft!

Leibhaftig seh ich meine Gattin vor mir stehn!

Zur Entzückung reizt mich wohl ein schadenfroher Geist?

HERAKLES.

Mitnichten! Deine Gattin ist es, die du siehst.

ADMETOS.

Oh, daß es nur kein Truggespenst von drunten sei!

HERAKLES.

Dein Freund ist kein Beschwörer, der die Geister bannt!

ADMETOS.

So seh ich wirklich mein begrabnes teures Weib?!

HERAKLES.

Gewiß! Dein Zweifeln an dem Glück befremdet nicht.

ADMETOS.

Berühren, grüßen soll ich s' wie mein lebend Weib?

HERAKLES.

Begrüß sie! Alles, was du wünschtest, hast du nun!

ADMETOS.

O Aug und Leib der liebsten Gattin! Hab ich dich

So wunderbar, und hoffte nie dein Wiedersehn?

HERAKLES.

Du hast sie! Und der Himmel gönne dir dein Glück!

ADMETOS.

Du edler Sohn des höchsten Gottes Zeus, o sei
Gesegnet! Und der Vater, der dich zeugte, sei
Dein Schirm! Du hast mich aufgerichtet ganz allein.
Wie hast du sie von drunten her ans Licht gebracht?

HERAKLES.

Durch Ringen mit dem Fürsten jener Geisterwelt.

ADMETOS.

Wo, sagst du, fand dies Ringen mit dem Tode statt?

HERAKLES.

Gerad am Grabe packt ich ihn vom Hinterhalt.

ADMETOS.

Aus welchem Grunde steht sie lautlos hier und stumm?

HERAKLES.

Noch darfst du nicht vernehmen Gruß und Wort von ihr,
Bevor von ihr die Todesweihe wiederum
Genommen und der dritte Tag erschienen ist.
Wohlan denn, führe sie hinein und bleibe stets
Gerecht und gegen Freunde treu und fromm, Admet!
Und lebe wohl! Ich ziehe hin, das Abenteur
Zu bestehen, welches Sthenelos' Sohn mir auferlegt'.

ADMETOS.

O bleibe bei uns und verweil an meinem Herd!

HERAKLES.

Ein andermal! Jetzt hab ich Eile. Lebe wohl!

Ab.

ADMETOS.

So ziehe glücklich, finde Sieg und Wiederkehr!
Die Bürger heiß ich und das ganze Fürstentum
Chortänze feiern ob der Glücksbegebenheit.
Von heilgen Herden wall empor der Opferduft!

Denn umgewandelt ist mein Zustand aus dem Leid
Zur Freude! Ja, ich bin beglückt! Ich leugn es nicht!

CHOR.

Das Göttliche zeigt sich in mancher Gestalt.
Es vollenden die Götter, was keiner geahnt.
Wovon wir geträumt, das verwirklicht sich nicht.
Was unmöglich uns schien, das ist möglich für Gott.
So hat es auch hier sich bewiesen!

HOFENBERG

Erzählungen der Frühromantik

1799 schreibt Novalis seinen Heinrich von Ofterdingen und schafft mit der blauen Blume, nach der der Jüngling sich sehnt, das Symbol einer der wirkungsmächtigsten Epochen unseres Kulturkreises. Ricarda Huch wird dazu viel später bemerken: »Die blaue Blume ist aber das, was jeder sucht, ohne es selbst zu wissen, nenne man es nun Gott, Ewigkeit oder Liebe.«

Tieck Peter Lebrecht **Günderrode** Geschichte eines Braminen **Novalis** Heinrich von Ofterdingen **Schlegel** Lucinde **Jean Paul** Des Luftschiffers Giannozzo Seebuch **Novalis** Die Lehrlinge zu Sais
ISBN 978-3-8430-1878-4, 416 Seiten, 29,80 €

HOFENBERG

Erzählungen der Hochromantik

Zwischen 1804 und 1815 ist Heidelberg das intellektuelle Zentrum einer Bewegung, die sich von dort aus in der Welt verbreitet. Individuelles Erleben von Idylle und Harmonie, die Innerlichkeit der Seele sind die zentralen Themen der Hochromantik als Gegenbewegung zur von der Antike inspirierten Klassik und der vernunftgetriebenen Aufklärung.

Chamisso Adelberts Fabel **Jean Paul** Des Feldpredigers Schmelzle Reise nach Flätz **Brentano** Aus der Chronika eines fahrenden Schülers **Motte Fouqué** Undine **Arnim** Isabella von Ägypten **Chamisso** Peter Schlemihls wundersame Geschichte **Hoffmann** Der Sandmann **Hoffmann** Der goldne Topf
ISBN 978-3-8430-1879-1, 408 Seiten, 29,80 €

HOFENBERG

Erzählungen der Spätromantik

Im nach dem Wiener Kongress neugeordneten Europa entsteht seit 1815 große Literatur der Sehnsucht und der Melancholie. Die Schattenseiten der menschlichen Seele, Leidenschaft und die Hinwendung zum Religiösen sind die Themen der Spätromantik.

Brentano Die drei Nüsse **Brentano** Geschichte vom braven Kasperl und dem schönen Annerl **Hoffmann** Das steinerne Herz **Eichendorff** Das Marmorbild **Arnim** Die Majoratsherren **Hoffmann** Das Fräulein von Scuderi **Tieck** Die Gemälde **Hauff** Phantasien im Bremer Ratskeller **Hauff** Jud Süss **Eichendorff** Viel Lärmen um Nichts **Eichendorff** Die Glücksritter
ISBN 978-3-8430-1880-7, 440 Seiten, 29,80 €

Erzählungen aus dem Biedermeier

Biedermeier - das klingt in heutigen Ohren nach langweiligem Spießertum, nach geschmacklosen rosa Teetässchen in Wohnzimmern, die aussehen wie Puppenstuben und in denen es irgendwie nach »Omma« riecht.

Zu Recht. Aber nicht nur.

Biedermeier ist auch die Zeit einer zarten Literatur der Flucht ins Idyll, des Rückzuges ins private Glück und der Tugenden. Die Menschen im Europa nach Napoleon hatten die Nase voll von großen neuen Ideen, das aufstrebende Bürgertum forderte und entwickelte eine eigene Kunst und Kultur für sich, die unabhängig von feudaler Großmannssucht bestehen sollte.

Georg Büchner Lenz **Karl Gutzkow** Wally, die Zweiflerin **Annette von Droste-Hülshoff** Die Judenbuche **Friedrich Hebbel** Matteo **Jeremias Gotthelf** Elsi, die seltsame Magd **Georg Weerth** Fragment eines Romans **Franz Grillparzer** Der arme Spielmann **Eduard Mörike** Mozart auf der Reise nach Prag **Berthold Auerbach** Der Viereckig oder die amerikanische Kiste

ISBN 978-3-8430-1884-5, 444 Seiten, 29,80 €

Erzählungen aus dem Biedermeier II

Annette von Droste-Hülshoff Ledwina **Franz Grillparzer** Das Kloster bei Sendomir **Friedrich Hebbel** Schnock **Eduard Mörike** Der Schatz **Georg Weerth** Leben und Taten des berühmten Ritters Schnapphahnski **Jeremias Gotthelf** Das Erdbeerimareili **Berthold Auerbach** Lucifer

ISBN 978-3-8430-1885-2, 440 Seiten, 29,80 €

Erzählungen aus dem Biedermeier III

Eduard Mörike Lucie Gelmeroth **Annette von Droste-Hülshoff** Westfälische Schilderungen **Annette von Droste-Hülshoff** Bei uns zulande auf dem Lande **Berthold Auerbach** Brosi und Moni **Jeremias Gotthelf** Die schwarze Spinne **Friedrich Hebbel** Anna **Friedrich Hebbel** Die Kuh **Jeremias Gotthelf** Barthli der Korber **Berthold Auerbach** Barfüßele

ISBN 978-3-8430-1886-9, 452 Seiten, 29,80 €